© 2022 Bibellesebund Verlag, Marienheide

Titelbild und Innenillustrationen: Anna Karina Birkenstock, Hennef
Umschlaggestaltung und Satz: Luba Ertel
Bildquellen:
S. 79: © Julija – stock.adobe.com
S. 81: © cat_arch_angel – stock.adobe.com
Steckbriefe von Lotta und Luis: Kirsten Brünjes
Rätseltexte: Susanne Koch, Katharina Würden-Templin
Druck: Finidr, Tschechische Republik

ISBN: 978-3-95568-475-4
Bestell-Nr.: 71047

www.bibellesebund.net

Dieses Freundebuch gehört:

_____

_____

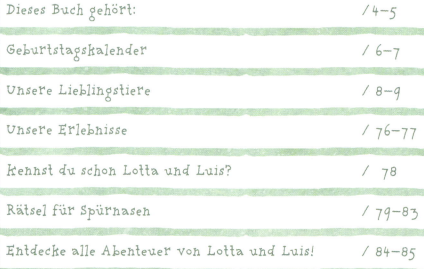

Wer und was ist wo?

Trag hier deinen Namen bei deiner
Seitenzahl ein.

Lotta Mertens	/ 10–11		/ 42–43
Luis Mertens	/ 12–13		/ 44–45
	/ 14–15		/ 46–47
	/ 16–17		/ 48–49
	/ 18–19		/ 50–51
	/ 20–21		/ 52–53
	/ 22–23		/ 54–55
	/ 24–25		/ 58–59
	/ 26–27		/ 60–61
	/ 28–29		/ 62–63
	/ 30–31		/ 64–65
	/ 32–33		/ 66–67
	/ 34–35		/ 68–69
	/ 36–37		/ 70–71
	/ 38–39		/ 72–73
	/ 40–41		/ 74–75

Dieses Buch gehört:

_____

_____

Das bin ich!

Spitzname: _____

Mein Geburtstag ist am: _____

... also in
dieser Jahreszeit: ○ ○  ○ ○

Hier wohne ich:

_____

_____

So könnt ihr mich erreichen:

_____

Mein Lieblingstier:

_____

Mein Lieblingsessen:

_____

Mein Lieblingsbuch:

_____

Mein Lieblingsfilm/
Meine Lieblingsserie:

_____

_____

Mein Lieblingsfach:

_____

Meine Lieblingsfarbe:

Das mag ich lieber:

- ○ drinnen   oder   ○ draußen
- ○ Buch   oder   ○ Hörspiel
- ○ Mathe   oder   ○ Deutsch
- ○ Musik machen   oder   ○ Musik hören
- ○ Lego   oder   ○ Playmobil
- ○ Nudeln   oder   ○ Pizza

Diese Sportarten mag ich:

- ○ Fahrrad fahren
- ○ Fußball
- ○ Schwimmen
- ○ Reiten
- ○ Handball
- ○ Tanzen
- ○ Inlineskating
- ○

So schätze ich mich ein:

stürmisch ☐☐☐☐ geduldig
fleißig ☐☐☐☐ gemütlich
ordentlich ☐☐☐☐ kreativ-chaotisch
lustig ☐☐☐☐ ernst

Das mache ich gerne:

Das mag ich gar nicht:

Das will ich später mal werden:

Das mag ich an guten Freunden:

Datum:

5

Trag hier deinen
Geburtstag
und deinen
Namen ein!

Mai

1.5.
Lotta
+ Luis

Juni

März

April

Januar

Februar

6

Juli

August

September

Oktober

November

Dezember

Unsere Lieblings- tiere

Male dein Lieblingstier auf diese Doppelseite. Schreibe auch deinen Namen dazu.

Lotta

LUIS

Das bin ich!

Meine Lieblingsfarbe:

gestreift ;-)

Ich heiße:
Lotta Mertens

Spitzname: Tatze

Mein Geburtstag ist am: 1. Mai

... also in dieser Jahreszeit:
 x

Hier wohne ich:
zu Hause :-)

So kannst du mich erreichen:
Schau mal in die Bücher von Luis und mir. ;-)

Mein Lieblingstier:
Katze

Mein Lieblingsessen:
Frühlingsrolle

Mein Lieblingsbuch:
dieses Freundebuch ;-)

Mein Lieblingsfilm/ Meine Lieblingsserie:
Ich mag gaaanz viele

Mein Lieblingsfach:
Deutsch (Aufsatz)

So schätze ich mich ein:

stürmisch ☐☐ ✗ ☐☐ geduldig
fleißig ☐ ✗ ☐☐☐ gemütlich
ordentlich ☐☐☐ ✗ ☐ kreativ-chaotisch
lustig ☐ ✗ ☐☐ ernst

Das mache ich gerne: Spielen

Das mag ich gar nicht: Aufräumen

Das will ich später mal werden: Puppenkleider-Schneiderin

Das mag ich an dir:

Dass du voll wertvoll bist !

Das mag ich lieber:

✗ drinnen   oder   ☐ draußen
☐ Buch   oder   ✗ Hörspiel
☐ Mathe   oder   ✗ Deutsch
✗ Musik machen   oder   ☐ Musik hören
☐ Lego   oder   ☐ Playmobil ⊗ Barbie
☐ Nudeln   oder   ☐ Pizza

⊗ äh... keins davon

Diese Sportarten mag ich:

☐ Fußball
✗ Schwimmen
☐ Reiten
☐ Handball
✗ Tanzen
☐ Fahrrad fahren
✗ Inlineskating
✗ Seilspringen

Datum: heute ;-)

11

Das bin ich!

Ich heiße: **Luis Mertens**

Spitzname: **Bro**

Hier wohne ich: **in meinem mega Zimmer**

So kannst du mich erreichen: **Hör dir einfach eine Geschichte von Lotta und mir an.**

Mein Geburtstag ist am: **1. Mai**

... also in dieser Jahreszeit: X

Diese Sportarten mag ich:
- X Fußball
- X Schwimmen
- ○ Reiten
- ○ Handball
- ○ Tanzen
- X Fahrrad fahren
- ○ Inlineskating
- ○

Das mache ich gerne: **Mit Papa was bauen**

Das mag ich gar nicht: **Wenn es Streit gibt**

Das will ich später mal werden: **Lehrer**

Das mag ich an dir: **Dass du was Tolles kannst und die Welt ohne dich echt langweilig wäre!**

Meine Lieblingsfarbe:

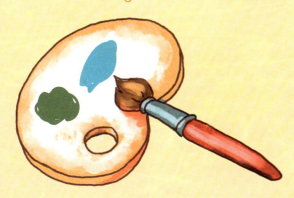

So schätze ich mich ein:

stürmisch ▢▢▢▢X▢ geduldig
fleißig ▢X▢▢▢▢ gemütlich
ordentlich ▢▢X▢▢▢ kreativ-chaotisch
lustig ▢▢▢X▢ ernst

Mein Lieblingstier:

Giraffe, Hund

Mein Lieblingsessen:

Pizza

Mein Lieblingsbuch:

Lotta und Luis und die
verschwundene Jacke

Mein Lieblingsfilm/
Meine Lieblingsserie:

Der Schlunz

Das mag ich lieber:

◯ drinnen	oder	X draußen
X Buch	oder	◯ Hörspiel
X Mathe	oder	◯ Deutsch
◯ Musik machen	oder	X Musik hören
◯ Lego	oder	X Playmobil
X Nudeln	oder	◯ Pizza

Mein Lieblingsfach:

Mathe

Datum: Februar 2022

Das bin ich!

Ich heiße:

Spitzname:

Mein Geburtstag ist am:

... also in dieser Jahreszeit:

Hier wohne ich:

So kannst du mich erreichen:

Mein Lieblingstier:

Mein Lieblingsessen:

Mein Lieblingsbuch:

Mein Lieblingsfilm/
Meine Lieblingsserie:

Meine Lieblingsfarbe:

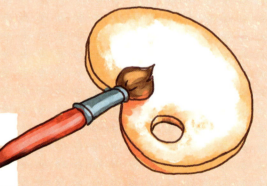

Mein Lieblingsfach:

Das mache ich gerne:

Das mag ich gar nicht:

Das will ich später
mal werden:

Das mag ich an dir:

Das mag ich lieber:

	oder	
○ drinnen	oder	○ draußen
○ Buch	oder	○ Hörspiel
○ Mathe	oder	○ Deutsch
○ Musik machen	oder	○ Musik hören
○ Lego	oder	○ Playmobil
○ Nudeln	oder	○ Pizza

So schätze ich mich ein:

stürmisch ▧▧▧▧▧ geduldig
fleißig ▧▧▧▧▧ gemütlich
ordentlich ▧▧▧▧▧ kreativ-chaotisch
lustig ▧▧▧▧▧ ernst

Diese Sportarten mag ich:

○ Fahrrad fahren
○ Inlineskating
○ Fußball
○ Schwimmen
○ Reiten
○ Handball
○ Tanzen
○

Datum:

Ich heiße:

Spitzname:

Hier wohne ich:

So kannst du mich erreichen:

Mein Geburtstag ist am:

... also in dieser Jahreszeit:

Das bin ich!

Das mache ich gerne:

Das mag ich gar nicht:

Das will ich später mal werden:

Das mag ich an dir:

Meine Lieblingsfarbe:

Mein Lieblingstier:

Mein Lieblingsessen:

Mein Lieblingsbuch:

Mein Lieblingsfilm/
Meine Lieblingsserie:

Mein Lieblingsfach:

So schätze ich mich ein:

stürmisch ☐☐☐☐☐ geduldig
fleißig ☐☐☐☐☐ gemütlich
ordentlich ☐☐☐☐☐ kreativ-chaotisch
lustig ☐☐☐☐☐ ernst

Diese Sportarten mag ich:

○ Fahrrad fahren
○ Schwimmen
○ Fußball
○ Reiten
○ Tanzen
○ Inlineskating
○ Handball
○

Das mag ich lieber:

○ drinnen   oder   ○ draußen
○ Buch   oder   ○ Hörspiel
○ Mathe   oder   ○ Deutsch
○ Musik machen   oder   ○ Musik hören
○ Lego   oder   ○ Playmobil
○ Nudeln   oder   ○ Pizza

Datum:

Das bin ich!

Meine Lieblingsfarbe:

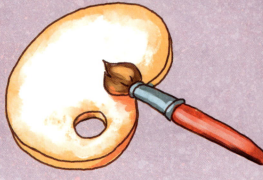

Ich heiße:

Spitzname:

Mein Geburtstag ist am:

... also in dieser Jahreszeit:

Hier wohne ich:

So kannst du mich erreichen:

Mein Lieblingstier:

Mein Lieblingsessen:

Mein Lieblingsbuch:

Mein Lieblingsfilm/ Meine Lieblingsserie:

Mein Lieblingsfach:

So schätze ich mich ein:

stürmisch 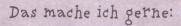 geduldig
fleißig 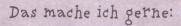 gemütlich
ordentlich 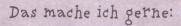 kreativ-chaotisch
lustig 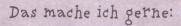 ernst

Das mache ich gerne:

Das mag ich gar nicht:

Das will ich später mal werden:

Das mag ich an dir:

Diese Sportarten mag ich:

○ Fußball
○ Schwimmen
○ Reiten
○ Handball
○ Tanzen
○ Fahrrad fahren
○ Inlineskating
○

Das mag ich lieber:

○ drinnen oder ○ draußen
○ Buch oder ○ Hörspiel
○ Mathe oder ○ Deutsch
○ Musik machen oder ○ Musik hören
○ Lego oder ○ Playmobil
○ Nudeln oder ○ Pizza

Datum:

Ich heiße:

Spitzname:

Hier wohne ich:

So kannst du mich erreichen:

Mein Geburtstag ist am:

... also in
dieser Jahreszeit:

Das bin ich!

Diese Sportarten
mag ich:

- Fußball
- Schwimmen
- Reiten
- Handball
- Tanzen
- Fahrrad fahren
- Inlineskating
-

Das mache ich gerne:

Das mag ich gar nicht:

Das will ich später mal werden:

Das mag ich an dir:

Meine Lieblingsfarbe:

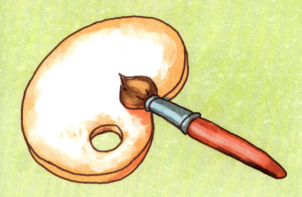

Mein Lieblingstier:

Mein Lieblingsessen:

Mein Lieblingsbuch:

Mein Lieblingsfilm/
Meine Lieblingsserie:

Mein Lieblingsfach:

So schätze ich mich ein:

stürmisch ▢▢▢▢▢ geduldig
fleißig ▢▢▢▢▢ gemütlich
ordentlich ▢▢▢▢▢ kreativ-chaotisch
lustig ▢▢▢▢▢ ernst

Das mag ich lieber:

○ drinnen   oder   ○ draußen
○ Buch   oder   ○ Hörspiel
○ Mathe   oder   ○ Deutsch
○ Musik machen   oder   ○ Musik hören
○ Lego   oder   ○ Playmobil
○ Nudeln   oder   ○ Pizza

Datum:

Das bin ich!

Ich heiße:

Spitzname:

Mein Geburtstag ist am:

... also in dieser Jahreszeit:

Hier wohne ich:

So kannst du mich erreichen:

Mein Lieblingstier:

Mein Lieblingsessen:

Mein Lieblingsbuch:

Mein Lieblingsfilm/
Meine Lieblingsserie:

Meine Lieblingsfarbe:

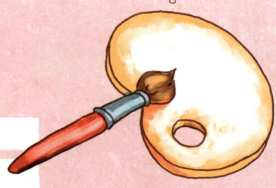

Mein Lieblingsfach:

Das mache ich gerne:

_____

Das mag ich gar nicht:

_____

Das will ich später
mal werden:

_____

Das mag ich an dir:

_____

_____

Das mag ich lieber:

- ○ drinnen   oder   ○ draußen
- ○ Buch   oder   ○ Hörspiel
- ○ Mathe   oder   ○ Deutsch
- ○ Musik machen   oder   ○ Musik hören
- ○ Lego   oder   ○ Playmobil
- ○ Nudeln   oder   ○ Pizza

So schätze ich mich ein:

stürmisch	▢▢▢▢▢	geduldig
fleißig	▢▢▢▢	gemütlich
ordentlich	▢▢▢	kreativ-chaotisch
lustig	▢▢▢	ernst

Diese Sportarten
mag ich:

- ○ Reiten
- ○ Tanzen
- ○ Fußball
- ○ Handball
- ○ Schwimmen
- ○ Fahrrad fahren
- ○ Inlineskating
- ○ _____

Datum: _____

Ich heiße:

Spitzname:

Hier wohne ich:

So kannst du mich erreichen:

Mein Geburtstag ist am:

... also in dieser Jahreszeit:

Das bin ich!

Das mache ich gerne:

Das mag ich gar nicht:

Das will ich später mal werden:

Das mag ich an dir:

Meine Lieblingsfarbe:

Mein Lieblingstier:

Mein Lieblingsessen:

Mein Lieblingsbuch:

Mein Lieblingsfilm/
Meine Lieblingsserie:

Mein Lieblingsfach:

So schätze ich mich ein:

stürmisch ▢▢▢▢▢ geduldig
fleißig ▢▢▢▢▢ gemütlich
ordentlich ▢▢▢▢▢ kreativ-chaotisch
lustig ▢▢▢▢ ernst

Diese Sportarten mag ich:
○ Fahrrad fahren
○ Schwimmen
○ Fußball
○ Reiten
○ Tanzen
○ Inlineskating
○ Handball
○

Das mag ich lieber:
○ drinnen   oder ○ draußen
○ Buch   oder ○ Hörspiel
○ Mathe   oder ○ Deutsch
○ Musik machen oder ○ Musik hören
○ Lego   oder ○ Playmobil
○ Nudeln   oder ○ Pizza

Datum:

Das bin ich!

Meine Lieblingsfarbe:

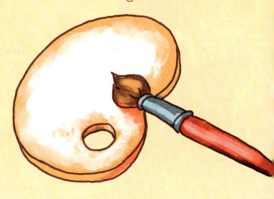

Ich heiße:

Mein Lieblingstier:

Spitzname:

Mein Lieblingsessen:

Mein Geburtstag ist am:

Mein Lieblingsbuch:

... also in
dieser Jahreszeit:

Mein Lieblingsfilm/
Meine Lieblingsserie:

Hier wohne ich:

So kannst du mich erreichen:

Mein Lieblingsfach:

So schätze ich mich ein:

stürmisch ▢▢▢▢▢ geduldig
fleißig ▢▢▢▢▢ gemütlich
ordentlich ▢▢▢▢▢ kreativ-chaotisch
lustig ▢▢▢▢▢ ernst

Das mache ich gerne:

Das mag ich gar nicht:

Das will ich später mal werden:

Das mag ich an dir:

Das mag ich lieber:

◯ drinnen   oder   ◯ draußen
◯ Buch   oder   ◯ Hörspiel
◯ Mathe   oder   ◯ Deutsch
◯ Musik machen   oder   ◯ Musik hören
◯ Lego   oder   ◯ Playmobil
◯ Nudeln   oder   ◯ Pizza

Diese Sportarten mag ich:

◯ Fußball
◯ Schwimmen
◯ Reiten
◯ Handball
◯ Tanzen
◯ Fahrrad fahren
◯ Inlineskating
◯

Datum:

27

Ich heiße:

Spitzname:

Hier wohne ich:

So kannst du mich erreichen:

Mein Geburtstag ist am:

... also in
dieser Jahreszeit:

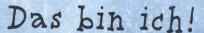

Diese Sportarten
mag ich:
- Fußball
- Schwimmen
- Reiten
- Handball
- Tanzen
- Fahrrad fahren
- Inlineskating

Das mache ich gerne:

Das mag ich gar nicht:

Das will ich später mal werden:

Das mag ich an dir:

Meine Lieblingsfarbe:

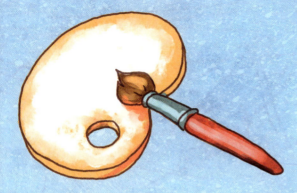

Mein Lieblingstier:

Mein Lieblingsessen:

Mein Lieblingsbuch:

Mein Lieblingsfilm/
Meine Lieblingsserie:

Mein Lieblingsfach:

So schätze ich mich ein:

stürmisch ▨▨▨▨ geduldig
fleißig ▨▨▨▨ gemütlich
ordentlich ▨▨▨▨ kreativ-chaotisch
lustig ▨▨▨ ernst

Das mag ich lieber:

○ drinnen	oder	○ draußen
○ Buch	oder	○ Hörspiel
○ Mathe	oder	○ Deutsch
○ Musik machen	oder	○ Musik hören
○ Lego	oder	○ Playmobil
○ Nudeln	oder	○ Pizza

Datum:

Das bin ich!

Ich heiße:

Spitzname:

Mein Geburtstag ist am:

... also in dieser Jahreszeit:

Hier wohne ich:

So kannst du mich erreichen:

Mein Lieblingstier:

Mein Lieblingsessen:

Mein Lieblingsbuch:

Mein Lieblingsfilm/
Meine Lieblingsserie:

Meine Lieblingsfarbe:

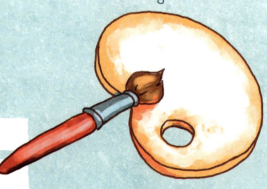

Mein Lieblingsfach:

Das mache ich gerne:

Das mag ich gar nicht:

Das will ich später
mal werden:

Das mag ich an dir:

Das mag ich lieber:

○ drinnen   oder   ○ draußen
○ Buch   oder   ○ Hörspiel
○ Mathe   oder   ○ Deutsch
○ Musik machen   oder   ○ Musik hören
○ Lego   oder   ○ Playmobil
○ Nudeln   oder   ○ Pizza

So schätze ich mich ein:

stürmisch ☐☐☐☐ geduldig
fleißig ☐☐☐☐ gemütlich
ordentlich ☐☐☐☐ kreativ-chaotisch
lustig ☐☐☐ ernst

Diese Sportarten
mag ich:

○ Reiten
○ Tanzen
○ Fußball
○ Handball
○ Schwimmen
○ Fahrrad fahren
○ Inlineskating
○

Datum:

Ich heiße:

Spitzname:

Hier wohne ich:

So kannst du mich erreichen:

Mein Geburtstag ist am:

... also in dieser Jahreszeit:

Das bin ich!

Das mache ich gerne:

Das mag ich gar nicht:

Das will ich später mal werden:

Das mag ich an dir:

Meine Lieblingsfarbe:

Mein Lieblingstier:

Mein Lieblingsessen:

Mein Lieblingsbuch:

Mein Lieblingsfilm/
Meine Lieblingsserie:

Mein Lieblingsfach:

So schätze ich mich ein:

stürmisch ▢▢▢▢ geduldig
fleißig ▢▢▢▢ gemütlich
ordentlich ▢▢▢▢ kreativ-chaotisch
lustig ▢▢▢ ernst

Diese Sportarten mag ich:
○ Fahrrad fahren
○ Schwimmen
○ Fußball
○ Reiten
○ Tanzen
○ Inlineskating
○ Handball
○

Das mag ich lieber:
○ drinnen   oder   ○ draußen
○ Buch   oder   ○ Hörspiel
○ Mathe   oder   ○ Deutsch
○ Musik machen   oder   ○ Musik hören
○ Lego   oder   ○ Playmobil
○ Nudeln   oder   ○ Pizza

Datum:

Das bin ich!

Meine Lieblingsfarbe:

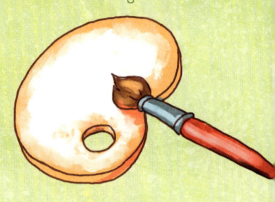

Ich heiße:

Spitzname:

Mein Geburtstag ist am:

... also in
dieser Jahreszeit: ○ ○ ○ ○

Hier wohne ich:

So kannst du mich erreichen:

Mein Lieblingstier:

Mein Lieblingsessen:

Mein Lieblingsbuch:

**Mein Lieblingsfilm/
Meine Lieblingsserie:**

Mein Lieblingsfach:

So schätze ich mich ein:

stürmisch ▢▢▢▢▢ geduldig
fleißig ▢▢▢▢▢ gemütlich
ordentlich ▢▢▢▢▢ kreativ-chaotisch
lustig ▢▢▢▢▢ ernst

Das mache ich gerne:

Das mag ich gar nicht:

Das will ich später mal werden:

Das mag ich an dir:

Das mag ich lieber:

○ drinnen   oder   ○ draußen
○ Buch   oder   ○ Hörspiel
○ Mathe   oder   ○ Deutsch
○ Musik machen   oder   ○ Musik hören
○ Lego   oder   ○ Playmobil
○ Nudeln   oder   ○ Pizza

Diese Sportarten mag ich:

○ Fußball
○ Schwimmen
○ Reiten
○ Handball
○ Tanzen
○ Fahrrad fahren
○ Inlineskating
○

Datum:

35

Ich heiße:

Spitzname:

Hier wohne ich:

So kannst du mich erreichen:

Mein Geburtstag ist am:

... also in
dieser Jahreszeit:

Das bin ich!

Diese Sportarten
mag ich:

- Fußball
- Schwimmen
- Reiten
- Handball
- Tanzen
- Fahrrad fahren
- Inlineskating
-

Das mache ich gerne:

Das mag ich gar nicht:

Das will ich später mal werden:

Das mag ich an dir:

Meine Lieblingsfarbe:

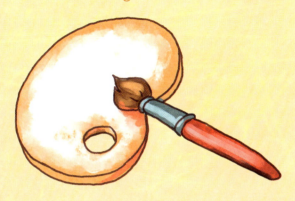

So schätze ich mich ein:

stürmisch ▢▢▢▢▢ geduldig
fleißig ▢▢▢▢▢ gemütlich
ordentlich ▢▢▢▢▢ kreativ-chaotisch
lustig ▢▢▢▢ ernst

Mein Lieblingstier:

Mein Lieblingsessen:

Mein Lieblingsbuch:

Mein Lieblingsfilm/
Meine Lieblingsserie:

Mein Lieblingsfach:

Das mag ich lieber:

○ drinnen   oder   ○ draußen
○ Buch   oder   ○ Hörspiel
○ Mathe   oder   ○ Deutsch
○ Musik machen   oder   ○ Musik hören
○ Lego   oder   ○ Playmobil
○ Nudeln   oder   ○ Pizza

Datum:

Das bin ich!

Ich heiße:

Spitzname:

Mein Geburtstag ist am:

... also in dieser Jahreszeit:

Hier wohne ich:

So kannst du mich erreichen:

Mein Lieblingstier:

Mein Lieblingsessen:

Mein Lieblingsbuch:

Mein Lieblingsfilm/
Meine Lieblingsserie:

Meine Lieblingsfarbe:

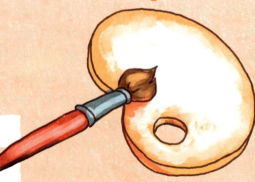

Mein Lieblingsfach:

Das mache ich gerne:

Das mag ich gar nicht:

Das will ich später mal werden:

Das mag ich an dir:

Das mag ich lieber:

○ drinnen   oder   ● draußen
○ Buch   oder   ○ Hörspiel
○ Mathe   oder   ○ Deutsch
○ Musik machen   oder   ○ Musik hören
○ Lego   oder   ○ Playmobil
○ Nudeln   oder   ○ Pizza

So schätze ich mich ein:

stürmisch ▨▨▨▨ geduldig
fleißig ▨▨▨▨ gemütlich
ordentlich ▨▨▨ kreativ-chaotisch
lustig ▨▨▨ ernst

Diese Sportarten mag ich:

○ Fahrrad fahren
○ Inlineskating
○ Fußball
○ Schwimmen
○ Reiten
○ Handball
○ Tanzen
○

Datum:

Ich heiße:

Spitzname:

Hier wohne ich:

So kannst du mich erreichen:

Mein Geburtstag ist am:

... also in dieser Jahreszeit:

Das bin ich!

Das mache ich gerne:

Das mag ich gar nicht:

Das will ich später mal werden:

Das mag ich an dir:

Meine Lieblingsfarbe:

Mein Lieblingstier:

Mein Lieblingsessen:

Mein Lieblingsbuch:

Mein Lieblingsfilm/
Meine Lieblingsserie:

Mein Lieblingsfach:

So schätze ich mich ein:

stürmisch ▪▪▪▪▪ geduldig
fleißig ▪▪▪▪▪▪ gemütlich
ordentlich ▪▪▪▪▪ kreativ-chaotisch
lustig ▪▪▪▪▪ ernst

Diese Sportarten mag ich:
○ Fahrrad fahren
○ Schwimmen
○ Fußball
○ Reiten
○ Tanzen
○ Inlineskating
○ Handball
○

Das mag ich lieber:

○ drinnen   oder ○ draußen
○ Buch   oder ○ Hörspiel
○ Mathe   oder ○ Deutsch
○ Musik machen oder ○ Musik hören
○ Lego   oder ○ Playmobil
○ Nudeln   oder ○ Pizza

Datum:

Das bin ich!

Meine Lieblingsfarbe:

Ich heiße:

Mein Lieblingstier:

Mein Lieblingsessen:

Spitzname:

Mein Lieblingsbuch:

Mein Geburtstag ist am:

... also in
dieser Jahreszeit:

Mein Lieblingsfilm/
Meine Lieblingsserie:

Hier wohne ich:

So kannst du mich erreichen:

Mein Lieblingsfach:

So schätze ich mich ein:

stürmisch	▨▨▨▨▨	geduldig
fleißig	▨▨▨▨▨	gemütlich
ordentlich	▨▨▨▨▨	kreativ-chaotisch
lustig	▨▨▨▨	ernst

Das mache ich gerne:

Das mag ich gar nicht:

Das will ich später mal werden:

Das mag ich an dir:

Das mag ich lieber:

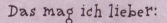

◯ drinnen	oder	◯ draußen
◯ Buch	oder	◯ Hörspiel
◯ Mathe	oder	◯ Deutsch
◯ Musik machen	oder	◯ Musik hören
◯ Lego	oder	◯ Playmobil
◯ Nudeln	oder	◯ Pizza

Diese Sportarten mag ich:

◯ Fußball
◯ Schwimmen
◯ Reiten
◯ Handball
◯ Tanzen
◯ Fahrrad fahren
◯ Inlineskating
◯

Datum:

Ich heiße:

Spitzname:

Hier wohne ich:

So kannst du mich erreichen:

Mein Geburtstag ist am:

... also in
dieser Jahreszeit:

Das bin ich!

Diese Sportarten
mag ich:

○ Fußball
○ Schwimmen
○ Reiten
○ Handball
○ Tanzen
○ Fahrrad fahren
○ Inlineskating
○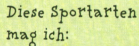

Das mache ich gerne:

Das mag ich gar nicht:

Das will ich später mal werden:

Das mag ich an dir:

44

Meine Lieblingsfarbe:

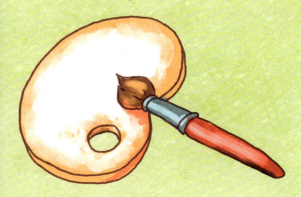

Mein Lieblingstier:

Mein Lieblingsessen:

Mein Lieblingsbuch:

Mein Lieblingsfilm/
Meine Lieblingsserie:

Mein Lieblingsfach:

So schätze ich mich ein:

stürmisch ⬜⬜⬜⬜⬜ geduldig
fleißig ⬜⬜⬜⬜⬜ gemütlich
ordentlich ⬜⬜⬜⬜ kreativ-chaotisch
lustig ⬜⬜⬜⬜ ernst

Das mag ich lieber:

○ drinnen   oder ○ draußen
○ Buch   oder ○ Hörspiel
○ Mathe   oder ○ Deutsch
○ Musik machen   oder ○ Musik hören
○ Lego   oder ○ Playmobil
○ Nudeln   oder ○ Pizza

Datum:

Das bin ich!

Ich heiße:

Spitzname:

Mein Geburtstag ist am:

... also in dieser Jahreszeit:

Hier wohne ich:

So kannst du mich erreichen:

Mein Lieblingstier:

Mein Lieblingsessen:

Mein Lieblingsbuch:

Mein Lieblingsfilm/
Meine Lieblingsserie:

Meine Lieblingsfarbe:

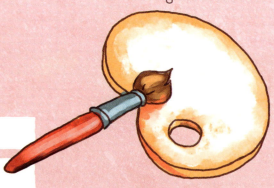

Mein Lieblingsfach:

Das mache ich gerne:

Das mag ich gar nicht:

Das will ich später
mal werden:

Das mag ich an dir:

Das mag ich lieber:

○ drinnen   oder   ○ draußen
○ Buch   oder   ○ Hörspiel
○ Mathe   oder   ○ Deutsch
○ Musik machen   oder   ○ Musik hören
○ Lego   oder   ○ Playmobil
○ Nudeln   oder   ○ Pizza

So schätze ich mich ein:

stürmisch ▢▢▢▢▢ geduldig
fleißig ▢▢▢▢▢ gemütlich
ordentlich ▢▢▢▢▢ kreativ-chaotisch
lustig ▢▢▢▢▢ ernst

Diese Sportarten
mag ich:

○ Reiten
○ Tanzen
○ Fußball
○ Handball
○ Schwimmen
○ Fahrrad fahren
○ Inlineskating
○

Datum:

Ich heiße:

Spitzname:

Hier wohne ich:

So kannst du mich erreichen:

Mein Geburtstag ist am:

... also in dieser Jahreszeit:

Das bin ich!

Das mache ich gerne:

Das mag ich gar nicht:

Das will ich später mal werden:

Das mag ich an dir:

Meine Lieblingsfarbe:

Mein Lieblingstier:

Mein Lieblingsessen:

Mein Lieblingsbuch:

Mein Lieblingsfilm/
Meine Lieblingsserie:

Mein Lieblingsfach:

So schätze ich mich ein:

stürmisch ▢▢▢▢▢ geduldig
fleißig ▢▢▢▢▢ gemütlich
ordentlich ▢▢▢▢▢ kreativ-chaotisch
lustig ▢▢▢▢▢ ernst

Diese Sportarten mag ich:
○ Fahrrad fahren
○ Schwimmen
○ Fußball
○ Reiten
○ Tanzen
○ Inlineskating
○ Handball
○

Das mag ich lieber:
○ drinnen   oder   ○ draußen
○ Buch   oder   ○ Hörspiel
○ Mathe   oder   ○ Deutsch
○ Musik machen   oder   ○ Musik hören
○ Lego   oder   ○ Playmobil
○ Nudeln   oder   ○ Pizza

Datum:

49

Das bin ich!

Meine Lieblingsfarbe:

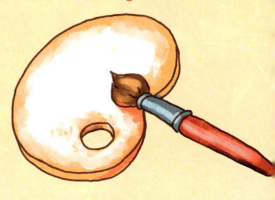

Ich heiße:

Spitzname:

Mein Geburtstag ist am:

... also in dieser Jahreszeit:

Hier wohne ich:

So kannst du mich erreichen:

Mein Lieblingstier:

Mein Lieblingsessen:

Mein Lieblingsbuch:

Mein Lieblingsfilm/ Meine Lieblingsserie:

Mein Lieblingsfach:

So schätze ich mich ein:

stürmisch ▢▢▢▢▢ geduldig
fleißig ▢▢▢▢▢ gemütlich
ordentlich ▢▢▢▢▢ kreativ-chaotisch
lustig ▢▢▢▢ ernst

Das mache ich gerne:

Das mag ich gar nicht:

Das will ich später mal werden:

Das mag ich an dir:

Diese Sportarten mag ich:

○ Fußball
○ Schwimmen
○ Reiten
○ Handball
○ Tanzen
○ Fahrrad fahren
○ Inlineskating
○

Das mag ich lieber:

○ drinnen   oder   ○ draußen
○ Buch   oder   ○ Hörspiel
○ Mathe   oder   ○ Deutsch
○ Musik machen   oder   ○ Musik hören
○ Lego   oder   ○ Playmobil
○ Nudeln   oder   ○ Pizza

Datum:

51

Ich heiße:

Spitzname:

Hier wohne ich:

So kannst du mich erreichen:

Mein Geburtstag ist am:

... also in
dieser Jahreszeit:

Das bin ich!

Diese Sportarten
mag ich:

- Fußball
- Schwimmen
- Reiten
- Handball
- Tanzen
- Fahrrad fahren
- Inlineskating

Das mache ich gerne:

Das mag ich gar nicht:

Das will ich später mal werden:

Das mag ich an dir:

Meine Lieblingsfarbe:

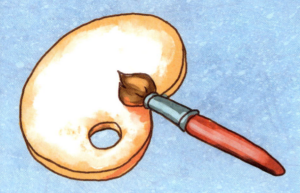

Mein Lieblingstier:

Mein Lieblingsessen:

Mein Lieblingsbuch:

Mein Lieblingsfilm/
Meine Lieblingsserie:

Mein Lieblingsfach:

So schätze ich mich ein:

stürmisch ☐☐☐☐☐ geduldig
fleißig ☐☐☐☐☐ gemütlich
ordentlich ☐☐☐☐☐ kreativ-chaotisch
lustig ☐☐☐☐☐ ernst

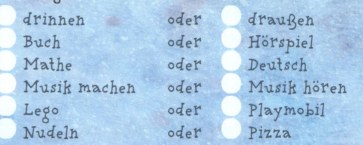

Das mag ich lieber:

○ drinnen   oder   ○ draußen
○ Buch   oder   ○ Hörspiel
○ Mathe   oder   ○ Deutsch
○ Musik machen   oder   ○ Musik hören
○ Lego   oder   ○ Playmobil
○ Nudeln   oder   ○ Pizza

Datum:

53

Das bin ich!

Ich heiße:

Spitzname:

Mein Geburtstag ist am:

... also in dieser Jahreszeit:

Hier wohne ich:

So kannst du mich erreichen:

Mein Lieblingstier:

Mein Lieblingsessen:

Mein Lieblingsbuch:

Mein Lieblingsfilm/
Meine Lieblingsserie:

Meine Lieblingsfarbe:

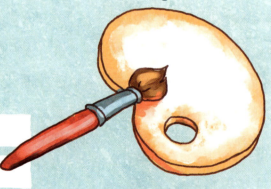

Mein Lieblingsfach:

Das mache ich gerne:

Das mag ich gar nicht:

Das will ich später
mal werden:

Das mag ich an dir:

Diese Sportarten
mag ich:

- ○ Reiten
- ○ Tanzen
- ○ Fußball
- ○ Handball
- ○ Schwimmen
- ○ Fahrrad fahren
- ○ Inlineskating
- ○

Das mag ich lieber:

○ drinnen	oder	○ draußen
○ Buch	oder	○ Hörspiel
○ Mathe	oder	○ Deutsch
○ Musik machen	oder	○ Musik hören
○ Lego	oder	○ Playmobil
○ Nudeln	oder	○ Pizza

So schätze ich mich ein:

stürmisch ▦▦▦▦ geduldig
fleißig ▦▦▦ gemütlich
ordentlich ▦▦▦▦ kreativ-chaotisch
lustig ▦▦▦ ernst

Datum:

Ich heiße:

Spitzname:

Hier wohne ich:

So kannst du mich erreichen:

Mein Geburtstag ist am:

... also in dieser Jahreszeit:

Das bin ich!

Das mache ich gerne:

Das mag ich gar nicht:

Das will ich später mal werden:

Das mag ich an dir:

Meine Lieblingsfarbe:

Mein Lieblingstier:

Mein Lieblingsessen:

Mein Lieblingsbuch:

Mein Lieblingsfilm/
Meine Lieblingsserie:

Mein Lieblingsfach:

So schätze ich mich ein:

stürmisch ▢▢▢▢▢ geduldig
fleißig ▢▢▢▢▢ gemütlich
ordentlich ▢▢▢▢▢ kreativ-chaotisch
lustig ▢▢▢▢ ernst

Diese Sportarten mag ich:
○ Fahrrad fahren
○ Schwimmen
○ Fußball
○ Reiten
○ Tanzen
○ Inlineskating
○ Handball
○

Das mag ich lieber:
○ drinnen   oder ○ draußen
○ Buch   oder ○ Hörspiel
○ Mathe   oder ○ Deutsch
○ Musik machen   oder ○ Musik hören
○ Lego   oder ○ Playmobil
○ Nudeln   oder ○ Pizza

Datum:

57

Das bin ich!

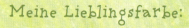 Meine Lieblingsfarbe:

Ich heiße:

Spitzname:

Mein Geburtstag ist am:

... also in
dieser Jahreszeit: ◯ ◯ ◯ ◯

Hier wohne ich:

So kannst du mich erreichen:

Mein Lieblingstier:

Mein Lieblingsessen:

Mein Lieblingsbuch:

Mein Lieblingsfilm/
Meine Lieblingsserie:

Mein Lieblingsfach:

So schätze ich mich ein:

stürmisch ▢▢▢▢▢ geduldig
fleißig ▢▢▢▢▢ gemütlich
ordentlich ▢▢▢▢▢ kreativ-chaotisch
lustig ▢▢▢▢▢ ernst

Das mache ich gerne:

Das mag ich gar nicht:

Das will ich später mal werden:

Das mag ich an dir:

Diese Sportarten mag ich:

◯ Fußball
◯ Schwimmen
◯ Reiten
◯ Handball
◯ Tanzen
◯ Fahrrad fahren
◯ Inlineskating
◯

Das mag ich lieber:

◯ drinnen   oder   ◯ draußen
◯ Buch   oder   ◯ Hörspiel
◯ Mathe   oder   ◯ Deutsch
◯ Musik machen   oder   ◯ Musik hören
◯ Lego   oder   ◯ Playmobil
◯ Nudeln   oder   ◯ Pizza

Datum:

Ich heiße:

Spitzname:

Hier wohne ich:

So kannst du mich erreichen:

Mein Geburtstag ist am:

... also in
dieser Jahreszeit: ○ ○ ○ ○

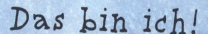

Das bin ich!

Diese Sportarten
mag ich:
○ Fußball
○ Schwimmen
○ Reiten
○ Handball
○ Tanzen
○ Fahrrad fahren
○ Inlineskating
○

Das mache ich gerne:

Das mag ich gar nicht:

Das will ich später mal werden:

Das mag ich an dir:

Meine Lieblingsfarbe:

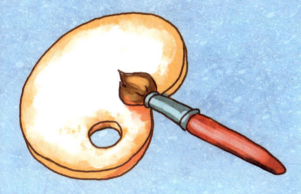

Mein Lieblingstier:

Mein Lieblingsessen:

Mein Lieblingsbuch:

Mein Lieblingsfilm/
Meine Lieblingsserie:

Mein Lieblingsfach:

So schätze ich mich ein:

stürmisch ▢▢▢▢▢ geduldig
fleißig ▢▢▢▢▢ gemütlich
ordentlich ▢▢▢▢▢ kreativ-chaotisch
lustig ▢▢▢▢▢ ernst

Das mag ich lieber:

◯ drinnen   oder   ◯ draußen
◯ Buch   oder   ◯ Hörspiel
◯ Mathe   oder   ◯ Deutsch
◯ Musik machen   oder   ◯ Musik hören
◯ Lego   oder   ◯ Playmobil
◯ Nudeln   oder   ◯ Pizza

Datum:

Das bin ich!

Mein Lieblingstier:

Mein Lieblingsessen:

Mein Lieblingsbuch:

Mein Lieblingsfilm/
Meine Lieblingsserie:

Ich heiße:

Spitzname:

Mein Geburtstag ist am:

... also in dieser Jahreszeit:

Meine Lieblingsfarbe:

Hier wohne ich:

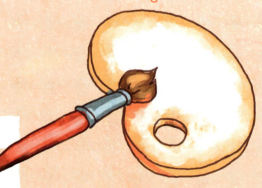

So kannst du mich erreichen:

Mein Lieblingsfach:

Das mache ich gerne:

Das mag ich gar nicht:

Das will ich später
mal werden:

Das mag ich an dir:

Das mag ich lieber:

◯ drinnen	oder	◯ draußen
◯ Buch	oder	◯ Hörspiel
◯ Mathe	oder	◯ Deutsch
◯ Musik machen	oder	◯ Musik hören
◯ Lego	oder	◯ Playmobil
◯ Nudeln	oder	◯ Pizza

So schätze ich mich ein:

stürmisch ▨▨▨▨ geduldig
fleißig ▨▨▨▨ gemütlich
ordentlich ▨▨▨▨ kreativ-chaotisch
lustig ▨▨▨ ernst

Diese Sportarten mag ich:

◯ Fahrrad fahren
◯ Inlineskating
◯ Fußball
◯ Schwimmen
◯ Reiten
◯ Handball
◯ Tanzen
◯

Datum:

Ich heiße:

Spitzname:

Hier wohne ich:

So kannst du mich erreichen:

Mein Geburtstag ist am:

... also in dieser Jahreszeit:

Das bin ich!

Das mache ich gerne:

Das mag ich gar nicht:

Das will ich später mal werden:

Das mag ich an dir:

Meine Lieblingsfarbe:

64

Mein Lieblingstier:

Mein Lieblingsessen:

Mein Lieblingsbuch:

Mein Lieblingsfilm/
Meine Lieblingsserie:

Mein Lieblingsfach:

So schätze ich mich ein:

stürmisch ▢▢▢▢▢ geduldig
fleißig ▢▢▢▢▢ gemütlich
ordentlich ▢▢▢▢▢ kreativ-chaotisch
lustig ▢▢▢▢ ernst

Diese Sportarten mag ich:

⚪ Fahrrad fahren
⚪ Schwimmen
⚪ Fußball
⚪ Reiten
⚪ Tanzen
⚪ Inlineskating
⚪ Handball
⚪

Das mag ich lieber:

⚪ drinnen   oder   ⚪ draußen
⚪ Buch   oder   ⚪ Hörspiel
⚪ Mathe   oder   ⚪ Deutsch
⚪ Musik machen   oder   ⚪ Musik hören
⚪ Lego   oder   ⚪ Playmobil
⚪ Nudeln   oder   ⚪ Pizza

Datum:

Das bin ich!

Meine Lieblingsfarbe:

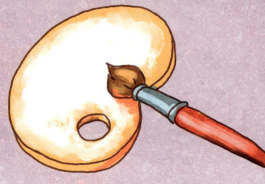

Ich heiße:

Mein Lieblingstier:

Spitzname:

Mein Lieblingsessen:

Mein Geburtstag ist am:

Mein Lieblingsbuch:

... also in dieser Jahreszeit:

Hier wohne ich:

Mein Lieblingsfilm/
Meine Lieblingsserie:

So kannst du mich erreichen:

Mein Lieblingsfach:

So schätze ich mich ein:

stürmisch ▢▢▢▢▢ geduldig
fleißig ▢▢▢▢▢ gemütlich
ordentlich ▢▢▢▢▢ kreativ-chaotisch
lustig ▢▢▢▢▢ ernst

Das mache ich gerne:

Das mag ich gar nicht:

Das will ich später mal werden:

Das mag ich an dir:

Diese Sportarten mag ich:

○ Fußball
○ Schwimmen
○ Reiten
○ Handball
○ Tanzen
○ Fahrrad fahren
○ Inlineskating
○

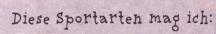

Das mag ich lieber:

○ drinnen   oder   ○ draußen
○ Buch   oder   ○ Hörspiel
○ Mathe   oder   ○ Deutsch
○ Musik machen   oder   ○ Musik hören
○ Lego   oder   ○ Playmobil
○ Nudeln   oder   ○ Pizza

Datum:

67

Ich heiße:

Spitzname:

Hier wohne ich:

So kannst du mich erreichen:

Mein Geburtstag ist am:

... also in
dieser Jahreszeit:

Das bin ich!

Diese Sportarten
mag ich:

○ Fußball
○ Schwimmen
○ Reiten
○ Handball
○ Tanzen
○ Fahrrad fahren
○ Inlineskating
○

Das mache ich gerne:

Das mag ich gar nicht:

Das will ich später mal werden:

Das mag ich an dir:

68

Meine Lieblingsfarbe:

Mein Lieblingstier:

Mein Lieblingsessen:

Mein Lieblingsbuch:

Mein Lieblingsfilm/
Meine Lieblingsserie:

Mein Lieblingsfach:

So schätze ich mich ein:

stürmisch	☐☐☐☐☐	geduldig
fleißig	☐☐☐☐☐	gemütlich
ordentlich	☐☐☐☐☐	kreativ-chaotisch
lustig	☐☐☐☐☐	ernst

Das mag ich lieber:

○ drinnen	oder	○ draußen
○ Buch	oder	○ Hörspiel
○ Mathe	oder	○ Deutsch
○ Musik machen	oder	○ Musik hören
○ Lego	oder	○ Playmobil
○ Nudeln	oder	○ Pizza

Datum:

Das bin ich!

Ich heiße:

Spitzname:

Mein Geburtstag ist am:

... also in dieser Jahreszeit:

Hier wohne ich:

So kannst du mich erreichen:

Mein Lieblingstier:

Mein Lieblingsessen:

Mein Lieblingsbuch:

Mein Lieblingsfilm/
Meine Lieblingsserie:

Meine Lieblingsfarbe:

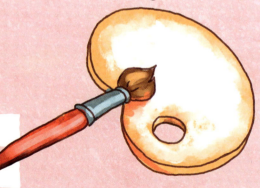

Mein Lieblingsfach:

Das mache ich gerne:

Das mag ich gar nicht:

Das will ich später
mal werden:

Das mag ich an dir:

Das mag ich lieber:

○ drinnen   oder   ○ draußen
○ Buch   oder   ○ Hörspiel
○ Mathe   oder   ○ Deutsch
○ Musik machen   oder   ○ Musik hören
○ Lego   oder   ○ Playmobil
○ Nudeln   oder   ○ Pizza

So schätze ich mich ein:

stürmisch ▢▢▢▢ geduldig
fleißig ▢▢▢▢ gemütlich
ordentlich ▢▢▢▢ kreativ-chaotisch
lustig ▢▢▢▢ ernst

Diese Sportarten
mag ich:

○ Reiten
○ Tanzen
○ Fußball
○ Handball
○ Schwimmen
○ Fahrrad fahren
○ Inlineskating
○

Datum:

Ich heiße:

Spitzname:

Hier wohne ich:

So kannst du mich erreichen:

Mein Geburtstag ist am:

... also in dieser Jahreszeit:

Das bin ich!

Das mache ich gerne:

Das mag ich gar nicht:

Das will ich später mal werden:

Das mag ich an dir:

Meine Lieblingsfarbe:

Mein Lieblingstier:

Mein Lieblingsessen:

Mein Lieblingsbuch:

Mein Lieblingsfilm/
Meine Lieblingsserie:

Mein Lieblingsfach:

So schätze ich mich ein:

stürmisch ▢▢▢▢ geduldig
fleißig ▢▢▢▢ gemütlich
ordentlich ▢▢▢▢ kreativ-chaotisch
lustig ▢▢▢▢ ernst

Diese Sportarten mag ich:
○ Fahrrad fahren
○ Schwimmen
○ Fußball
○ Reiten
○ Tanzen
○ Inlineskating
○ Handball
○

Das mag ich lieber:
○ drinnen   oder ○ draußen
○ Buch   oder ○ Hörspiel
○ Mathe   oder ○ Deutsch
○ Musik machen   oder ○ Musik hören
○ Lego   oder ○ Playmobil
○ Nudeln   oder ○ Pizza

Datum:

Das bin ich!

Meine Lieblingsfarbe:

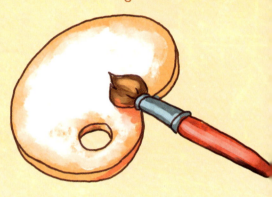

Ich heiße:

Spitzname:

Mein Geburtstag ist am:

... also in
dieser Jahreszeit: ○ ○ ○ ○

Hier wohne ich:

So kannst du mich erreichen:

Mein Lieblingstier:

Mein Lieblingsessen:

Mein Lieblingsbuch:

Mein Lieblingsfilm/
Meine Lieblingsserie:

Mein Lieblingsfach:

So schätze ich mich ein:

stürmisch ▢▢▢▢▢ geduldig
fleißig ▢▢▢▢▢ gemütlich
ordentlich ▢▢▢▢▢ kreativ-chaotisch
lustig ▢▢▢▢▢ ernst

Das mache ich gerne: _____

Das mag ich gar nicht: _____

Das will ich später mal werden: _____

Das mag ich an dir:

_____

_____

Diese Sportarten mag ich:

◯ Fußball
◯ Schwimmen
◯ Reiten
◯ Handball
◯ Tanzen
◯ Fahrrad fahren
◯ Inlineskating
◯ _____

Das mag ich lieber:

◯ drinnen   oder   ◯ draußen
◯ Buch   oder   ◯ Hörspiel
◯ Mathe   oder   ◯ Deutsch
◯ Musik machen   oder   ◯ Musik hören
◯ Lego   oder   ◯ Playmobil
◯ Nudeln   oder   ◯ Pizza

Datum: _____

Unsere Erlebnisse

Jeder kreuzt das an, was er oder sie schon mal gemacht hat, ohne den Namen zu nennen.

Ich habe schon mal ...

mit meinem Kuscheltier geredet.
Angst im Dunkeln gehabt.
einem Freund bei der Hausarbeit geholfen.
nach einem Schatz gesucht.
Heimweh gehabt.
mich mit jemanden wieder versöhnt.
bei einem Krippenspiel mitgespielt.
einen ganzen Tag lang krank im Bett gelegen.
die Hausaufgaben vergessen.
mir im Zoo die Giraffen angeschaut.
etwas kaputt gemacht.
jemanden geholfen, der gemobbt wurde.
Gott um etwas gebeten.
ein Kaninchen gestreichelt.
ein ganzes Buch selbst gelesen.
an einer Beerdigung teilgenommen.
eine Nacht im Zelt geschlafen.
in einer (Kinder-)Bibel gelesen.
eine Tasche verloren oder vergessen.
ein Vogelhaus gebaut.

Kennst du schon
Lotta und Luis?

Lotta und Luis sind Geschwister. Besondere Geschwister:
Sie sind Zwillinge. Gemeinsam mit Mama und Papa erleben
sie, was man so erlebt, wenn man ein Grundschulkind ist.
Jeder Tag ist spannend - vor allem, wenn sie etwas mit ihren
Freunden Abdul, Sophie, Joschua und Aylin unternehmen.
Aber da gibt es noch etwas, das das Leben der Zwillinge
besonders macht. In jedem Abenteuer merken sie:
Gott ist mit uns unterwegs.

Zoobesuch

Lotta und Luis lieben es, in den Zoo zu gehen. Erst vor Kurzem waren sie mit ihrer Klasse dort. Eine ganz besondere Begegnung hatte Luis mit seinen Lieblingstieren: Er durfte die Giraffen füttern. Ist dein Lieblingstier bei den unten abgebildeten Tieren mit dabei?

Welche fünf Tiere findet man bei uns auch außerhalb des Zoos?

Lösung von Seite 80:
Es sind 23 Domino-Steine.

! Bitte schreibe oder male nicht direkt in das Rätsel hinein! Dann werden die anderen noch Spaß daran haben.

Streitschlichter

Wie bei allen Freunden gibt es auch zwischen Lotta, Luis und ihren Klassenkameraden immer mal wieder Streit. Doch es ist oft schwierig, sich dann wieder zu versöhnen. Gemeinsam haben die Zwillinge mit ihrer Klasse 3b fünf gute Schritte überlegt, die dabei helfen können:

1. Ich zeige, dass ich aus dem Streit aussteigen will.
2. Jeder erzählt kurz, was er oder sie blöd findet.
3. Jeder sagt, wie er oder sie sich jetzt fühlt.
4. Jeder sagt, was er oder sie besser machen möchte.
5. Wir bitten um Entschuldigung und vergeben einander.

Hast du auch schon mal erlebt wie schön es ist, wenn ein Streit aufhört?

Beim Schulfest zeigen Luis und sein Freund Abdul mit einem tollen Beispiel, wie Streit verläuft:

Streit ist wie eine Dominostein-Kette: Wenn einer anfängt, machen schnell viele andere mit. Es fallen immer weitere „Steine" um und es gibt kein Ende ... bis einer aus der Streitkette aussteigt – zum Beispiel mit den fünf guten Schritten.

! Bitte schreibe oder male nicht direkt in das Rätsel hinein! Dann werden die anderen noch Spaß daran haben.

Kreative Werkstatt

Joschuas Opa hat eine richtig tolle Werkstatt. So, wie man sich den perfekten Platz zum Werkeln vorstellt. Hier dürfen Sägespäne auf dem Boden liegen und es darf auch mal richtig laut sein. Die Zwillinge und ihre Freunde haben dort vor Weihnachten ganz besondere Geschenke gebastelt: Vogelhäuser, Schmuck und Weihnachtsbaumanhänger. Kennst du auch jemanden, der eine Werkstatt hat?

Welches Werkzeug gibt es hier nur einmal? Weißt du, wie die Werkzeuge heißen?

Lösung von Seite 79: Eichhörnchen, Fuchs, Maus, Schwein, Igel

❗ Bitte schreibe oder male nicht direkt in das Rätsel hinein! Dann werden die anderen noch Spaß daran haben.

Schatzsuche

Einmal haben Lotta und Luis mit ihren Freunden eine Schatzkarte gefunden. Das war richtig spannend! Am Anfang ergaben die Worte und Abbildungen auf der Karte keinen Sinn. Aber gemeinsam haben die Freunde das Rätsel gelöst und den Schatz gefunden. Warst du auch schon mal bei einer Schatzsuche dabei?

! **Bitte schreibe oder male nicht direkt in das Rätsel hinein! Dann werden die anderen noch Spaß daran haben.**

Hilf den Freunden, den Weg zum Schatz zu finden.

Ein besonderer Freund

Lotta und Luis haben viele Freunde. Den einen oder die andere kannst du auf den Bildern in diesem Buch entdecken. Außer einem ganz besonderen Freund ... Vielleicht kennst du diesen auch schon – vielleicht aber auch noch nicht.

Kannst du mit den folgenden Hinweisen erraten, wer dieser besondere Freund ist?

Er ist bei einem, wenn man Angst hat.

Er kennt die Zukunft.

Er ist unsichtbar.

Er hört immer zu, wenn man mit ihm redet.

Er hat immer Zeit! 24 Stunden, Tag und Nacht.

Er ist überall.

Er ist mega stark. Keiner ist stärker als er.

Seinen Geburtstag feiern wir an Weihnachten.

Er ist Gottes Sohn.

Lotta und Luis haben mitten im Alltag schon oft erlebt, wie gut es ist, diesen Freund zu haben. Wusstest du schon, dass dieser besondere Freund jedem Menschen ein Freundschaftsangebot macht? Auch dir?

Entdecke alle Abenteuer

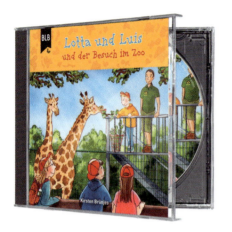

von Lotta und Luis!

Weitere Geschichten und Informationen findest du hier:
shop.bibellesebund.net